# Lettering creativo y CALIGRAFÍA moderna

## EJERCICIOS PARA PRINCIPANTES

MAGAZZINI SALANI

Edición a cargo de Andrea Balconi

Copyright © 2018 Adriano Salani Editore s.u.r.l., desde 1862
Grupo editorial Mauri Spagnol, Milán

Primera edición: abril de 2020
Primera reimpresión: noviembre de 2020
Segunda reimpresión: enero de 2021
Tercera reimpresión: marzo de 2021
Cuarta reimpresión: junio de 2021
Quinta reimpresión: febrero de 2022
Sexta reimpresión: diciembre de 2022

Imágenes usadas bajo licencia de Shutterstock.com

ISBN 9788893678582

Impresión finalizada en Eslovenia en diciembre de 2022 por ABO grafika d.o.o.

# ÍNDICE

# LETTERING Y CALIGRAFÍA MODERNA

## ¿De qué se trata?

La escritura es una forma de expresión al alcance de todos. Es probable que, al usar a diario el ordenador y otros dispositivos electrónicos para comunicarnos, hayamos perdido la costumbre de escribir a mano. Sin embargo, y en consecuencia, cada vez hay más personas aficionadas a la caligrafía. Pero, ¿qué es exactamente el *lettering* y cuál es la diferencia entre caligrafía clásica y moderna?

El *lettering* es el estudio y el diseño de caracteres alfanuméricos: letras, números y signos de puntuación. Es una actividad que va más allá de la escritura. Esta forma de arte permite que se creen nuevos estilos de caracteres y nuevos tipos de composición que se suelen utilizar en el diseño gráfico y en la publicidad por su originalidad. Se trata de creaciones que marcan tendencias gráficas y que encontramos por doquier: en el logotipo en la bolsa de nuestro snack preferido, en tarjetas de felicitación o, incluso, en el grafiti ilegible y colorido que hay en la pared al lado de casa o en el nuevo tatuaje de nuestra mejor amiga. Teniendo en cuenta que el *lettering* se usa en mil y un contextos, podemos concluir que es la fuente de multitud de nuevos caracteres tipográficos.

La caligrafía, sin embargo, se puede considerar como un ejercicio de estilo, un conjunto de reglas codificadas y más bien restrictivas que marcan lo que comúnmente se conoce como la «bella escritura». Las herramientas más características de la caligrafía son la plumilla y la tinta china.

La caligrafía moderna rompe con las reglas tradicionales en cuanto a la técnica y a los materiales y toma prestadas muchas de las características del *lettering*, lo que abre las puertas de la creatividad sobre el papel. A menudo combina aspectos de la técnica clásica e imita su estética, su forma compositiva y sus adornos.

No queremos menospreciar ni desmerecer los métodos centenarios ni las rigurosas técnicas tradicionales, que constituyen ejemplos importantes de los cuales podemos extraer formas, ritmos y proporciones. Sin embargo, las corrientes más contemporáneas del arte de la escritura, más libres y desenfadadas, enamoran y atraen a un público más amplio: a los escribas en ciernes, a los amantes de las manualidades, a los nostálgicos del papel y a todos aquellos que quieran crear algo bello en poco tiempo a través de la escritura. Además, la caligrafía moderna es una herramienta ideal para mejorar considerablemente la propia letra. El ejercicio de la escritura, aunque no se enmarca en las normas restrictivas respecto a la inclinación, la amplitud y la curvatura del trazo, puede concienciarnos de nuestros trazos y disciplinar los movimientos de la mano. La práctica de la caligrafía moderna requiere de constancia, concentración y de mucho entrenamiento.

Si luego la pasión por la tinta, las plumillas y los pergaminos se hace irrefrenable, nos podemos aventurar en las corrientes más elaboradas de la caligrafía tradicional, que requieren de mucha práctica, autocontrol y paciencia. Para ello es necesario madurar nuestra creatividad, un ingrediente fundamental para crear un estilo caligráfico completamente original.

# Conceptos básicos

Antes de empezar con los ejercicios básicos y aprender los estilos de los caracteres, es conveniente echar un vistazo al espacio que ocupan las letras mayúsculas y minúsculas de los estilos caligráficos.

| | |
|---|---|
| **Línea base** | es la línea sobre la cual se apoyan las letras. |
| **Línea del cuerpo de la letra** | es la línea que determina la altura de las letras sin ascendentes ni descendentes. |
| **Línea de ascendentes** | es la línea que determina la altura máxima de las partes ascendentes de las letras. |
| **Línea de descendentes** | es la línea que determina la profundidad máxima de las partes descendentes de las letras. |
| **Ascendente** | es la parte de algunas letras que sobrepasa la línea del cuerpo de la letra. |
| **Descendente** | es la parte de algunas letras que sobrepasa la línea base. |
| **Trazo ascendente hacia arriba** | es la parte de la letra que se traza moviendo la mano hacia arriba. Es más fina porque la presión es la mínima necesaria para deslizar el instrumento de escritura hacia arriba. |
| **Trazo descendente** | es la parte de la letra que se traza moviendo la mano hacia abajo. Es más gruesa porque la presión es mayor. |
| **Trazo horizontal** | es un trazo que atraviesa horizontalmente un trazo vertical. |

# Clasificación de los caracteres

Los caracteres se clasifican de acuerdo a algunas características, como:

## Sin serifa

No tienen serifa y son, por lo tanto, lineales y simples. Se consideran modernos y limpios, dan una sensación de mayor racionalidad y están de moda.

## Con serifa

Se caracterizan por presentar serifas, es decir, esas pequeñas líneas que salen de los extremos inferiores y superiores de los trazos de cada letra. Dotan a los caracteres de una apariencia más tradicional y clásica y se suelen relacionar con la compostura y la autoridad.

## Caligráficos

Se trata de caracteres fluidos que se distinguen de la cursiva clásica en que las letras suelen estar unidas entre sí. Debido a sus características, se suelen considerar formales o naif. Se asocian a la elegancia, la afectividad y la personalidad.

## Fantasía

Suelen presentar formas o decoraciones particulares que pueden llegar a deformar los caracteres. Tienen características muy específicas que los diferencian del resto por ser muy reconocibles. Están pensados para títulos o frases cortas. Son expresivos y originales.

En este libro aprenderemos a usar todos estos tipos de caracteres y a combinarlos en pequeñas composiciones.

# Trazos finos y gruesos

Las letras pueden contar con trazos finos y gruesos, independientemente de su clasificación y de su estilo.

Trazo fino — Pincel — Trazo grueso

Trazo fino — Lápiz

Trazo fino — Plumilla — Trazo grueso

En la caligrafía clásica, el grosor del trazo está determinado por la presión que se ejerce con la herramienta de escritura (pincel o plumilla). Si usamos estas herramientas, por lo general aplicamos una presión mayor sobre los trazos descendentes mientras que se mantiene la mano más ligera sobre los ascendentes. La razón es práctica y sencilla y tiene que ver con el deslizamiento y el control de la punta de la herramienta de escritura sobre la superficie del folio. Cuando se trazan las líneas ascendentes, se suele sujetar el instrumento de escritura inclinado (con un ángulo de 45 grados, generalmente). Si se aplica presión en este momento, la plumilla tiende a encallarse y el pincel a doblarse, lo que hace muy difícil, si no imposible, en ambos casos controlar el movimiento de la punta y la forma gráfica del signo resultante.

La caligrafía moderna es más libre en cuanto a las distintas técnicas y simula los diferentes grosores de las líneas simplemente dibujándolos.
Normalmente, se dibujan los grosores y se rellenan de color después de haber trazado las letras.

**Traza la letra**

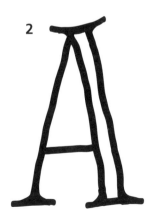

**Traza el grosor**

**Rellena el grosor**

# Técnicas de escritura

Uno de los aspectos más divertidos de la caligrafía moderna es que abarca todas las técnicas de escritura. Sin embargo, por motivos prácticos y de asequibilidad, los mejores instrumentos de escritura son los que todos conocemos y que se pueden comprar fácilmente en cualquier papelería.

## LÁPIZ

Es una herramienta indispensable, versátil y que se puede borrar con una goma. Se puede usar para esbozos preliminares y para dar los primeros pasos, pero también para la escritura como resultado final. En el caso de los esbozos, es recomendable usar una mina dura (6H/9H) que deje un trazo sutil y sea fácil de borrar. Para la escritura, es mejor una mina blanda (B) que permita realizar matices y difuminados.

## LÁPICES DE COLORES

Aparte de ser fáciles de usar, añaden un potente medio expresivo: el color. Se pueden usar para el cuerpo de las letras o, simplemente, para colorear los trazos gruesos o para las decoraciones adicionales. También existen lápices de acuarela solubles en agua con los que se puede mojar la punta o el trazo con un pincel para que el color se vuelva fluido y brillante. Como en el caso de los lápices normales, un buen sacapuntas es un accesorio indispensable.

## ROTULADORES Y *BRUSHPEN*

Representan los colores líquidos y brillantes más prácticos. Además, ofrecen una amplia gama de tonalidades. Los hay con base de agua o de alcohol y, dependiendo del material y de la forma de la punta (fina, de cincel...), se pueden obtener trazos diferentes. Los *brushpen* (rotuladores con una punta suave como un pincel) permiten, en particular, calibrar el grosor del trazo de forma fluida y gradual simplemente aplicando mayor o menor presión. Hace falta practicar un poco para obtener un buen dominio de estos instrumentos y unos resultados satisfactorios.

## TÉMPERAS Y ACUARELAS

Son instrumentos de escritura líquidos que se aplican principalmente con pincel. Existen diferentes versiones tanto de témperas como de acuarelas. Si tienes preferencia por estas técnicas, te recomendamos que pruebes distintos tipos para descubrir tu preferido. Igual que en el caso del *brushpen*, estas técnicas permiten modular el grosor del trazo, pero las cerdas requieren de un mayor control del movimiento que las puntas de fieltro. Las acuarelas presentan un acabado más transparente y brillante, mientras que el de las témperas es más opaco y cubriente.

## BOLÍGRAFOS

Existen bolígrafos de muchos tipos, de múltiples colores y de diferentes tipos de tinta: gel, metalizada, opaca (para escribir sobre superficies de color). La fluidez de la tinta determina el deslizamiento de la esfera de la punta del bolígrafo sobre el papel y, por tanto, el trazo. Junto al lápiz, son el instrumento más fácil y práctico para dibujar letras, ya que su trazo es estable y continuo y se pueden usar sin ningún tipo de preparación previa.

## TIZAS

Últimamente, las tizas están de moda en las obras caligráficas, quizás por su característico trazo irregular y polvoriento, blanco o de colores, que contrasta mucho con el negro de la pizarra. Hoy en día se pueden adquirir fácilmente pizarras o imprimaciones líquidas que imitan su superficie. Se recomienda trabajar con un trapo húmedo para corregir posibles errores cuando se utiliza esta delicada herramienta de escritura.

## PLUMILLAS Y TINTA

¿Por qué no utilizar esta técnica tan antigua y fascinante para realizar proyectos de *lettering* originales y modernos? Para dominar el uso de las plumillas (existen de muchas formas para conseguir diferentes trazos) es necesaria una cierta experiencia. No te rindas a la primera de cambio y sigue practicando.

## OTRAS TÉCNICAS

Desde colorante alimentario en pasta hasta *sprays*, pasando por el bastidor y la tableta gráfica. Todo vale en la caligrafía moderna. Escoge el instrumento ideal teniendo en cuenta el tipo de soporte, el resultado y el uso que le quieras dar a tu obra. ¡A practicar y a experimentar!

# Consejos y sugerencias

### NO TENGAS PRISA

Escribir no es una carrera. Tómate tu tiempo para hacerlo bien.

### REALIZA ESBOZOS Y DIBUJOS PRELIMINARES

A menudo es útil hacer una prueba o tener una guía para trazar las letras.

### PRACTICA LA PRESIÓN DE LA MANO

Te servirá para dominar los trazos finos (generalmente ascendentes) y los gruesos (descendentes) con las técnicas que lo permiten, especialmente para los caracteres cursivos.

### DEJA ESPACIO SUFICIENTE ENTRE LAS LETRAS

La caligrafía es un arte que requiere de equilibrio tanto para cada una de las letras como para las palabras y las composiciones. Muchas veces infravaloramos los espacios en blanco, pero son esenciales.

### VE PASO A PASO

Adéntrate en este fantástico mundo poco a poco. Comienza por los estilos y las técnicas más sencillas y pasa progresivamente a aquellos que requieren de más experiencia.

### PRACTICA MUCHO

Un último consejo fundamental: practica, practica y practica más. La caligrafía es un arte en el que la práctica hace al maestro.

# ESTILOS DE CARACTERES, PALABRAS Y COMPOSICIÓN

Después de haber visto los conceptos básicos de la caligrafía moderna, ha llegado el momento de pasar a la fase más divertida y desafiante: la práctica.

En las siguientes páginas entraremos en detalle sobre varios estilos básicos de letras, tanto para las mayúsculas (o capitales) como para las minúsculas. Hay un espacio en blanco en cada caso para repetir el dibujo varias veces y se indica el punto inicial y la dirección del trazo, algo muy importante para los estilos y las técnicas en las que se puede aumentar o disminuir el grosor del grafismo a través de la presión de la mano.

Aquí tienes los estilos que practicaremos:

Sin serifas

Con serifas

Fantasía

Caligráfica con pincel

Caligráfica con pincel

Cursiva con plumilla

# Caracteres sin serifas

A B C D E F G H I J
K L M N Ñ O P Q
R S T U V W X Y Z

a b c d e f g h i j
k l m n ñ o p q r
s t u v w x y z

Los caracteres sin serifas, aunque parezcan más simples y presenten un uso más versátil, no se deben infravalorar en cuanto al trabajo que requieren para obtener un buen trazo. Las líneas rectas y las curvas armoniosas, así como la regularidad en el grosor y en la altura de los caracteres, marcan la diferencia entre una buena caligrafía y una letra cualquiera. Este es el alfabeto ideal para comenzar a practicar los movimientos de la mano. Te sugerimos que uses un lápiz o un bolígrafo como herramienta de escritura.

ᔆᐧᐤ Traza las letras partiendo del punto indicado y sigue la dirección de la flecha.

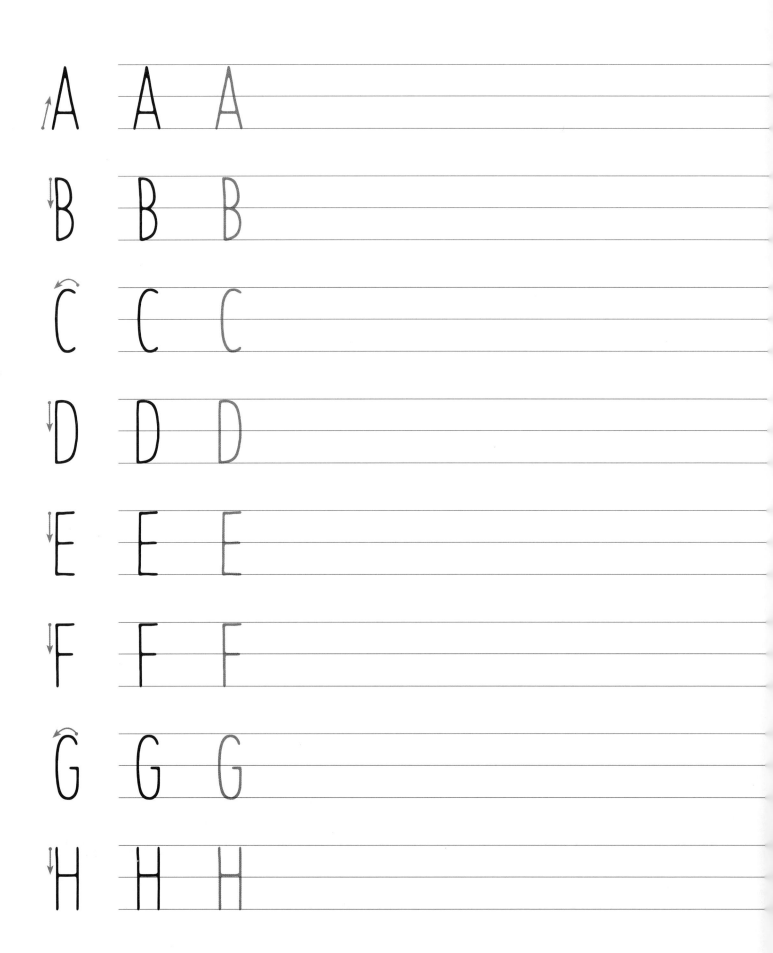

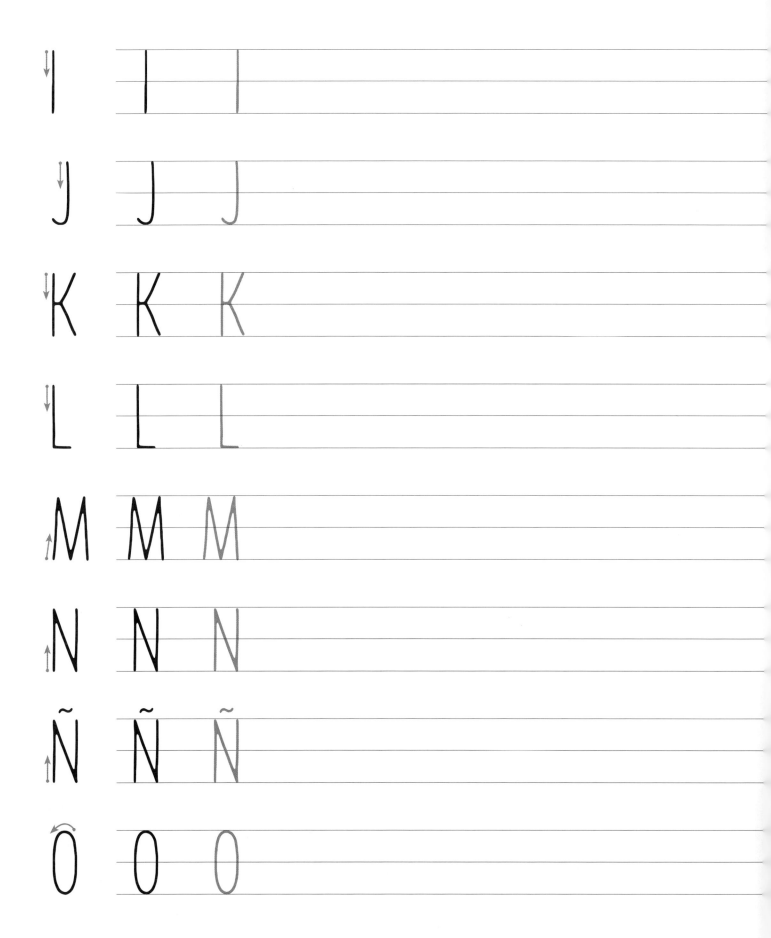

I    I    I

J    J    J

K    K    K

L    L    L

M    M    M

N    N    N

Ñ    Ñ    Ñ

O    O    O

P P P

Q Q Q

R R R

S S S

T T T

U U U

V V V

W W W

X X X

Y Y Y

Z Z Z

Aquí abajo puedes practicar las letras que te resulten más difíciles.

Traza las letras partiendo del punto indicado y sigue la dirección de la flecha.

a   a   a

b   b   b

c   c   c

d   d   d

e   e   e

f   f   f

g   g   g

h   h   h

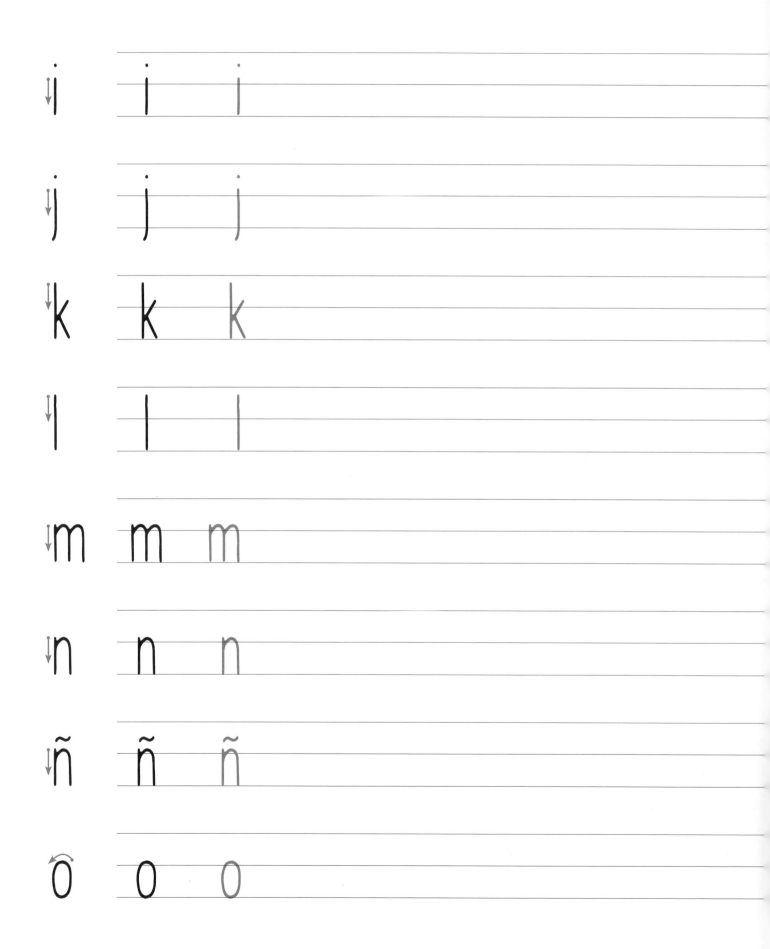

i     i     i

j     j     j

k     k     k

l     l     l

m     m     m

n     n     n

ñ     ñ     ñ

o     o     o

p    p    p

q    q    q

r    r    r

s    s    s

t    t    t

u    u    u

v    v    v

w    w    w

X X X

Y Y Y

Z Z Z

∽◯◌ Aquí abajo puedes practicar las letras que te resulten más difíciles.

## Otros ejemplos de caracteres sin serifas

A B C D E F G H I
J K L M N Ñ O P Q R
S T U V W X Y Z
a b c d e f g h i j k l m n
ñ o p q r s t u v w x y z

A B C D E F G H I J K L M N
Ñ O P Q R S T U V W X Y Z
a b c d e f g h i j k l m n
ñ o p q r s t u v w x y z

# Caracteres con serifas

A B C D E F G H I J
K L M N Ñ O P Q R
S T U V W X Y Z

a b c d e f g h i j
k l m n ñ o p q r
s t u v w x y z

Este alfabeto nos sirve para introducir las serifas: esos pequeños adornos lineales al final de cada trazo. La estructura básica es la misma que en el palo seco (los caracteres sin serifas), al que añadimos un toque de elegancia. También en este caso es fundamental mantener un aspecto homogéneo y armonioso en todas las letras. Presta atención a que las serifas tengan la misma longitud y un grosor uniforme.

Traza las letras partiendo del punto indicado y sigue la dirección de la flecha.

P P P

Q Q Q

R R R

S S S

T T T

U U U

V V V

W W W

34

X X X

Y Y Y

Z Z Z

Aquí abajo puedes practicar las letras que te resulten más difíciles.

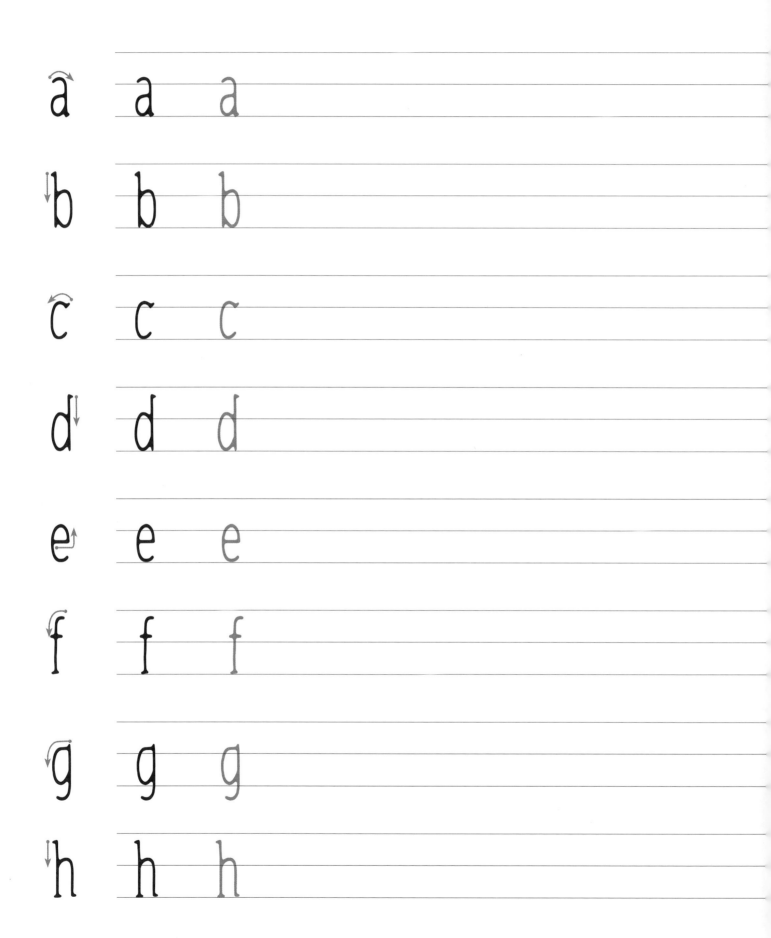

i  i  i

j  j  j

k  k  k

l  l  l

m  m  m

n  n  n

ñ  ñ  ñ

o  o  o

p    p    p

q    q    q

r    r    r

s    s    s

t    t    t

u    u    u

v    v    v

w    w    w

X X X

y y y

z z z

⟳ Aquí abajo puedes practicar las letras que te resulten más difíciles.

# Otros ejemplos de caracteres con serifas

ABCDEFGHI
JKLMNÑOPQ
RSTUVWXYZ

· · · · · · · · · · · · · · · · · · · · · · · · · · ·

ABCDEFG
HIJKLMN
ÑOPQRST
UUWXYZ

# Caracteres de fantasía

A B C D E F G H I
J K L M N Ñ O P Q
R S T U V W X Y Z

a b c d e f g h i j
k l m n ñ o p q r
s t u v w x y z

Este alfabeto es solo un ejemplo sencillo de cómo la inspiración puede crear algo original a partir de simples caracteres sin serifas. Tu imaginación y tu progreso en el arte de la caligrafía son los ingredientes básicos para idear nuevos alfabetos originales completamente personales. Comienza trazando la estructura básica y dibuja el grosor en los trazos descendentes. Después lo puedes rellenar con una onda que se apoya en el trazo izquierdo de la letra. También puedes inventarte otras versiones.

Traza las letras partiendo del punto indicado y sigue la dirección de la flecha.

I I I

J J J

K K K

L L L

M M M

N N N

Ñ Ñ Ñ

O O O

X X X

Y Y Y

Z Z Z

Aquí abajo puedes practicar las letras que te resulten más difíciles.

Traza las letras partiendo del punto indicado y sigue la dirección de la flecha.

a a a

b b b

c c c

d d d

e e e

f f f

g g g

h h h

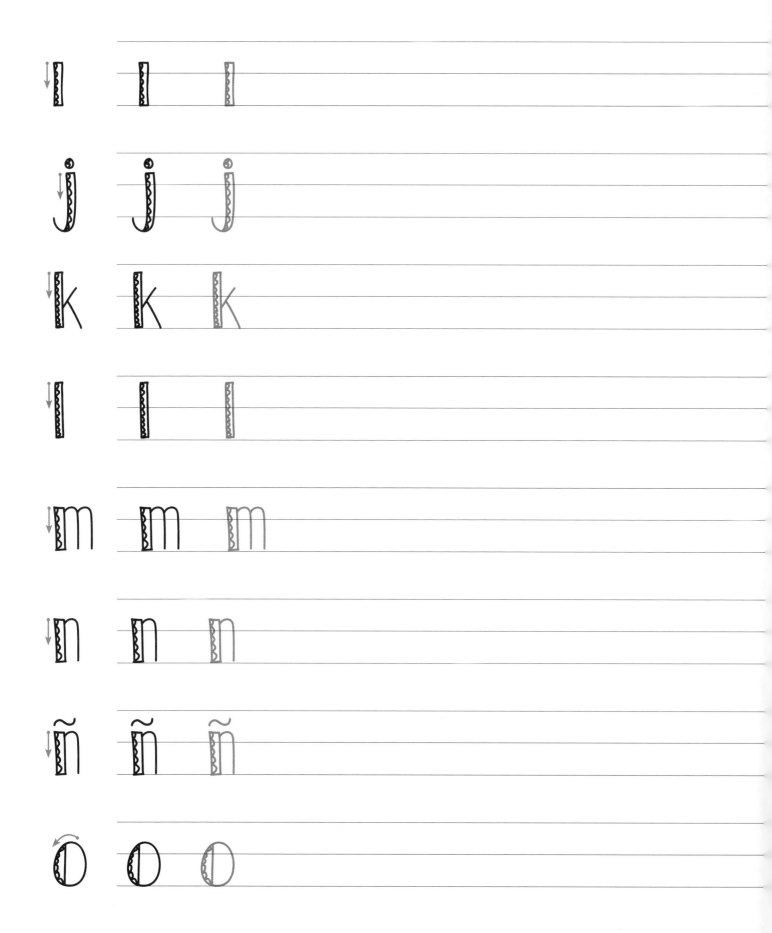

i i i

j j j

k k k

l l l

m m m

n n n

ñ ñ ñ

o o o

p p p

q q q

r r r

s s s

t t t

u u u

v v v

w w w

X X X

y y y

Z Z Z

Aquí abajo puedes practicar las letras que te resulten más difíciles.

## Otros ejemplos de caracteres de fantasía

A B C D E F G

H I J K L M N

Ñ O P Q R S T

U V W X Y Z

· · · · · · · · · · · · · · · · · · · · · · · · ·

A B C D E F G H I J K L M N

Ñ O P Q R S T U V W X Y Z

a b c d e f g h i j k l m ñ n o p q r

s t u v w x y z

# Caracteres cursivos a mano

A B C D E F G H I
J K L M N Ñ O P Q
R S T U V W X Y Z

a b c d e f g h i j
k l m n ñ o p q r
s t u v w x y z

Este es el tipo más sencillo de caligrafía cursiva. Permite trazar casi todas las palabras sin levantar la mano del folio y, así, hacer fluir una letra detrás de la otra. En nuestro ejemplo la escritura está inclinada, lo que hace más evidente el deslizamiento y el dinamismo de estos caracteres. En este caso, es vital tener una inclinación uniforme para conseguir una buena escritura. Te sugerimos que empieces usando un lápiz y, posteriormente, pases a un bolígrafo o a rotuladores.

$a$ $a$ $a$

$B$ $B$ $B$

$C$ $C$ $C$

$D$ $D$ $D$

$E$ $E$ $E$

$F$ $F$ $F$

$G$ $G$ $G$

$H$ $H$ $H$

*I* *I* *I*

*J* *J* *J*

*K* *K* *K*

*L* *L* *L*

*m* *m* *m*

*n* *n* *n*

*ñ* *ñ* *ñ*

*O* *O* *O*

$\mathcal{P}$    $\mathcal{P}$    $\mathcal{P}$

$\mathcal{Q}$    $\mathcal{Q}$    $\mathcal{Q}$

$\mathcal{R}$    $\mathcal{R}$    $\mathcal{R}$

$\mathcal{S}$    $\mathcal{S}$    $\mathcal{S}$

$\mathcal{T}$    $\mathcal{T}$    $\mathcal{T}$

$\mathcal{U}$    $\mathcal{U}$    $\mathcal{U}$

$\mathcal{V}$    $\mathcal{V}$    $\mathcal{V}$

$\mathcal{W}$    $\mathcal{W}$    $\mathcal{W}$

$\mathcal{X}$    $\mathcal{X}$    $\mathcal{X}$

$\mathcal{Y}$    $\mathcal{Y}$    $\mathcal{Y}$

$\mathcal{Z}$    $\mathcal{Z}$    $\mathcal{Z}$

Aquí abajo puedes practicar las letras que te resulten más difíciles.

a   a   a

b   b   b

c   c   c

d   d   d

e   e   e

f   f   f

g   g   g

h   h   h

$i$    $i$    $i$

$j$    $j$    $j$

$k$    $k$    $k$

$l$    $l$    $l$

$m$    $m$    $m$

$n$    $n$    $n$

$ñ$    $ñ$    $ñ$

$o$    $o$    $o$

p p p

q q q

r r r

s s s

t t t

u u u

v v v

w w w

$x$ $x$ $x$

$y$ $y$ $y$

$z$ $z$ $z$

Aquí abajo puedes practicar las letras que te resulten más difíciles.

# Otros ejemplos de caracteres cursivos a mano

Aa Bb Cc Dd Ee Ff
Gg Hh Ii Jj Kk Ll Mm
Nn Ññ Oo Pp Qq Rr Ss Tt
Uu Vv Ww Xx Yy Zz

· · · · · · · · · · · · · · · · · · · · · · · · · · · · · · · · · · · ·

A B C D E F G H I J K L M N
Ñ O P Q R S T U V W X Y Z
a b c d e f g h i j k l m n
ñ o p q r s t u v w x y z

# Caracteres caligráficos con pincel

A B C D E F G H I
J K L M N Ñ O P Q
R S T U V W X Y Z

a b c d e f g h i j
k l m n ñ o p q
r s t u v w x y z

Este estilo también se conoce como *brush script* y es uno de los mejores ejemplos de los diferentes grosores entre los trazos ascendentes (finos) y descendentes (gruesos) que ya hemos visto antes. Antes de comenzar a practicar con las páginas siguientes, te recomendamos que hagas pruebas en un folio aparte para que juegues y te familiarices con la herramienta de escritura de tu elección (*brushpen* o pincel). Te recordamos que los trazos gruesos también se pueden simular dibujando el grosor y después rellenándolo de color.

🎜 Traza las letras partiendo del punto indicado y sigue la dirección de la flecha.

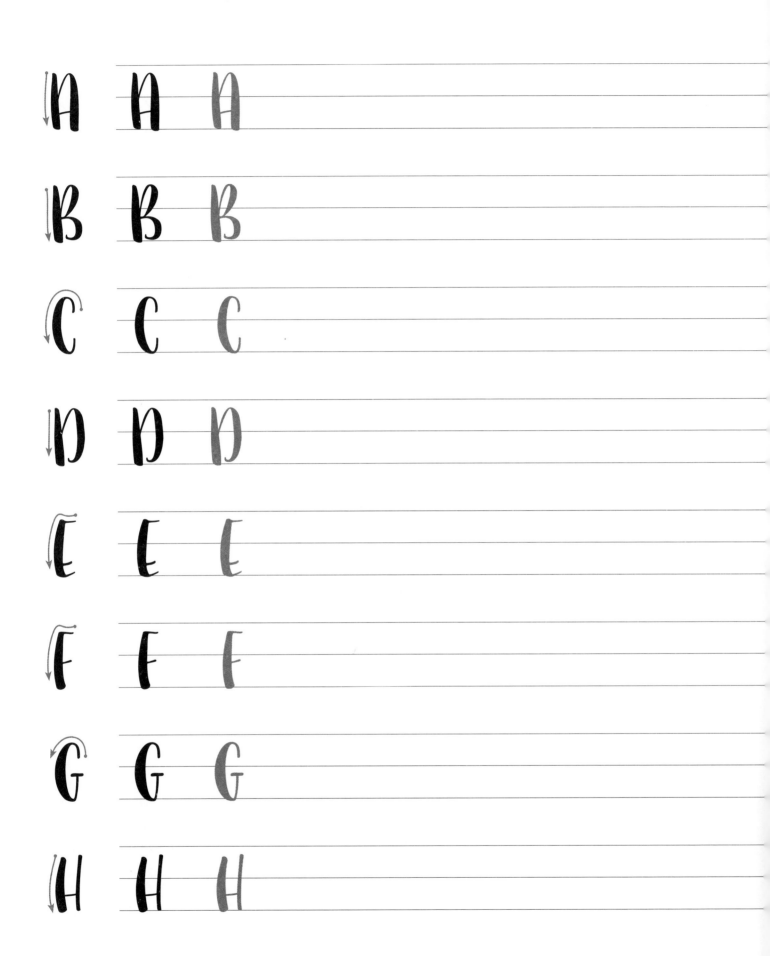

I I I

J J J

K K K

L L L

M M M

N N N

Ñ Ñ Ñ

O O O

P P P

Q Q Q

R R R

S S S

T T T

U U U

V V V

W W W

X X X

y y y

Z Z Z

ꞏꞏ Aquí abajo puedes practicar las letras que te resulten más difíciles.

90

~C~ Traza las letras partiendo del punto indicado y sigue la dirección de la flecha.

a a a

b b b

c c c

d d d

e e e

f f f

g g g

h h h

i i i

j j j

k k k

l l l

m m m

n n n

ñ ñ ñ

o o o

*X* *X* *X*

*y* *y* *y*

*z* *z* *z*

❧ Aquí abajo puedes practicar las letras que te resulten más difíciles.

Aa Bb Cc Dd Ee Ff Gg
Hh Ii Jj Kk Ll Mm Nn
Ññ Oo Pp Qq Rr Ss Tt Uu
Vv Ww Xx Yy Zz

Aa Bb Cc Dd Ee Ff Gg
Hh Ii Jj Kk Ll Mm Nn
Ññ Oo Pp Qq Rr Ss Ss
Tt Uu Vv Ww Xx Yy Zz

# Caracteres cursivos con plumilla

A B C D E F G H I J
K L M N Ñ O P Q
R S T U V W X Y Z

a b c d e f g h i j
k l m n ñ o p q
r s t u v w x y z

Sin pretender enseñarte un arte antiguo y laborioso como es la caligrafía con plumilla, queríamos incluir la posibilidad de que experimentes con este instrumento tan versátil que produce grafías inconfundibles. Este alfabeto está dibujado con una plumilla de punta ancha. La diferencia de grosores se obtiene tanto variando la presión de la mano como con una inclinación constante de la punta de la plumilla. Te invitamos a probar diferentes instrumentos y usos y te recordamos que siempre puedes simular los efectos de grosor de las letras dibujando el grosor antes y rellenándolo después.

Traza las letras partiendo del punto indicado y sigue la dirección de la flecha.

*A A A*

*B B B*

*C C C*

*D D D*

*E E E*

*F F F*

*G G G*

*H H H*

$\tilde{J}$ $J$ $J$

$\tilde{J}$ $J$ $J$

$K$ $K$ $K$

$L$ $L$ $L$

$M$ $M$ $M$

$N$ $N$ $N$

$\tilde{N}$ $\tilde{N}$ $\tilde{N}$

$O$ $O$ $O$

P P P

Q Q Q

R R R

S S S

T T T

U U U

V V V

W W W

*X X X*

*Y Y Y*

*Z Z Z*

Aquí abajo puedes practicar las letras que te resulten más difíciles.

Traza las letras partiendo del punto indicado y sigue la dirección de la flecha.

*a*    *a*    *a*

*b*    *b*    *b*

*c*    *c*    *c*

*d*    *d*    *d*

*e*    *e*    *e*

*f*    *f*    *f*

*g*    *g*    *g*

*h*    *h*    *h*

*i i i*

*j j j*

*k k k*

*l l l*

*m m m*

*n n n*

*ñ ñ ñ*

*o o o*

p p p

q q q

r r r

s s s

t t t

u u u

v v v

w w w

X   X   X

Y   Y   Y

Z   Z   Z

Aquí abajo puedes practicar las letras que te resulten más difíciles.

## Otros ejemplos de caracteres cursivos con plumilla

Aa Bb Cc Dd Ee Ff
Gg Hh Ii Jj Kk Ll
Mm Nn Ññ Oo Pp Qq
Rr Ss Tt Uu Vv Ww
Xx Yy Zz

- - - - - - - - - - - - - - - - - - - - - - - - - - - - - - -

ABCDEFGHIJKLMN
ÑOPQRSTUVWXYZ

abcdefghijklmn
ñopqrstuvwxyz

# Unir las letras

Después de haber practicado el trazado de letras separadas, podemos aventurarnos en el delicado ejercicio de la composición de palabras.

El aspecto más importante es el ritmo homogéneo en los espacios entre letras. Otro ingrediente fundamental es la capacidad de mantener una altura, un ancho y un grosor uniformes.

En las páginas siguientes encontrarás espacio suficiente para comenzar a componer palabras. Si crees que necesitas más espacio para seguir con este ejercicio, te sugerimos que te compres un cuaderno de rayas para seguir practicando.

Los alfabetos cursivos a mano están pensados para que las letras de cada palabra estén unidas entre sí. Las ligaduras son los trazos de conexión que «salen» de una letra y «entran» en la siguiente.

Gracias a estas conexiones, las palabras no parecen un conjunto de signos desconectados, sino que se evidencia su carácter unitario y, a su vez, la escritura adquiere un deslizamiento y una homogeneidad compositiva.

Los calígrafos más hábiles consiguen este efecto trazando varias letras una detrás de la otra o, incluso, una palabra completa sin levantar la punta del instrumento de escritura del folio. Huelga decir que se necesita bastante práctica para conseguir este resultado.

Primavera Primavera

Verano Verano

Otoño Otoño

Invierno Invierno

Zumo Zumo

Cappuccino Cappuccino

Happy Hour Happy Hour

Whisky Whisky

Reproduce las palabras siguiendo los ejemplos.

Hola Hola

Chao Chao

Saludos Saludos

Bienvenidos Bienvenidos

Amor Amor

Estilo Estilo

Gracia Gracia

Elegancia Elegancia

Maquillaje Maquillaje

Belleza Belleza

Purpurina Purpurina

Pintalabios Pintalabios

Madrid Madrid

Londres Londres

Tokio Tokio

Nueva York Nueva York

# Florituras y adornos

Las florituras y los adornos son elementos decorativos que pueden marcar la diferencia en una composición caligráfica. Su técnica y su estilo pueden ser o no ser los mismos que los de la escritura que acompañan.

Puedes jugar con la presión de la mano y con el grosor del trazo si el instrumento de escritura lo permite, pero ya sabes que también se puede simular este efecto.

Las florituras son decoraciones lineales y fluidas asociadas a la caligrafía tradicional. En este caso, es importante dejar el espacio justo para que puedan respirar. Puedes acabar una floritura cerca de su punto inicial y, así, intentar mantener un diseño elíptico o circular. No cruces nunca muchas líneas o líneas muy gruesas, ya que tu composición podría acabar pareciendo un borrón. Intenta dibujar líneas delicadas y mantener las curvas regulares, fluidas y naturales, sin terminarlas bruscamente. Las florituras pueden nacer de trazos de entrada o de salida de las letras o de trazos horizontales (por ejemplo, el de la letra t) y se pueden desarrollar tanto en horizontal como en vertical. En estos casos es importante dejar espacio suficiente en torno a las letras para que no interfiera con el grafismo del resto de letras sino que «juegue» con ellas.

Los adornos suelen ser elementos gráficos de varios tipos y suelen formar parte de una composición caligráfica moderna. Pueden ser flechas, líneas de separación, composiciones de ramas, hojas o flores. También pueden ser pequeños dibujos o marcos. En resumidas cuentas, en el mundo de los adornos reina la fantasía. ¡Da rienda suelta al artista que llevas dentro! Es importante que mantengan la proporción con el estilo de la escritura y que el conjunto esté bien equilibrado.

La recomendación más importante, y que se aplica en ambos tipos de decoraciones, es que su uso nunca entorpezca la legibilidad de la escritura.

En las páginas siguientes encontrarás muchos ejemplos de adornos y florituras y algunas páginas dedicadas a ejercicios para aprender a trazarlos. Cuando te hayas familiarizado con estas decoraciones, puedes usar tu fantasía para inventar otras de tu estilo.

# Ejemplos de florituras

# Ejemplos de adornos

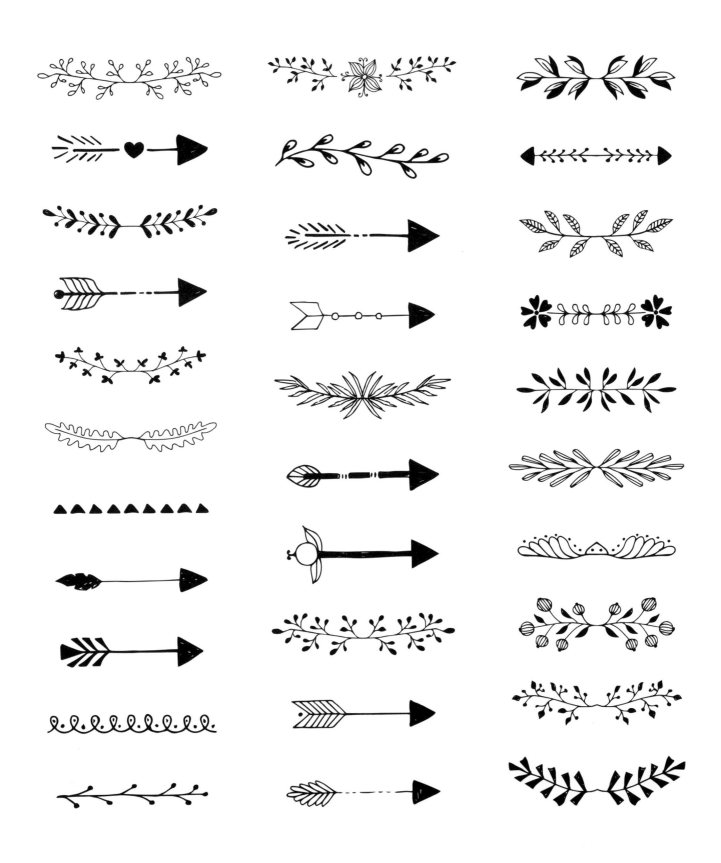

# Ejemplos de adornos

Traza las florituras partiendo del punto indicado y sigue la dirección de la flecha.

Reproduce estos adornos.

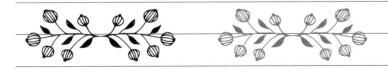

Reproduce estos adornos.

# Proyectos de composición de caligrafía moderna

La caligrafía moderna es el medio ideal para diseñar pequeñas y grandes composiciones que pueden tener un gran número de usos: tarjetas de felicitación, carteles, decoraciones del hogar o pequeños regalos. Las posibilidades son infinitas.

Una composición aúna todos los elementos que hemos visto y que hemos practicado hasta ahora, y añade la posibilidad de mezclar técnicas, materiales y estilos.

Para convertirse en un buen calígrafo moderno, es fundamental saber combinar hábilmente diferentes caracteres y hacerlo con gusto. No hay normas estrictas sobre cómo mezclar los diferentes elementos. Cada uno tiene sus combinaciones preferidas. Tu recurso principal es el sentido común y la armonía. Recuerda que un exceso de estilos demasiado diferentes crea confusión y un exceso de estilos demasiado similares contrasta poco.

Es bueno comenzar con un esbozo o un boceto más preciso para fijar la idea que se quiere desarrollar. Intenta identificar primero los elementos y la forma básica del conjunto antes de dedicarte a los detalles. Otro elemento importante de la composición es tener bien claro qué palabras son las más importantes, en caso de haberlas, para poder destacarlas con la dimensión, la posición, el peso gráfico o su estilo. Comienza dibujando las palabras más importantes, sigue con el resto del texto y piensa en las decoraciones al final, en caso de que quieras incluirlas.

Otra técnica compositiva es la de los bloques. Puedes subdividir una frase en varios bloques de palabras y dibujar para cada uno de ellos el área en la que irán las palabras (puede ser un rectángulo u otra forma o un elemento decorativo). Intenta equilibrar la dimensión y la posición de cada elemento. Traza las palabras dentro de cada bloque y luego borra los bloques si no los quieres conservar como elemento decorativo. Después, añade decoraciones si quieres. Los bloques sirven para crear la composición con elementos simples, sin perderse en los detalles ni en el texto (fíjate en el ejemplo de la página siguiente).

No siempre te saldrá bien, pero no te rindas. Haz más de una prueba, te ayudará a entender en qué dirección tienes que ir o a escoger un modelo mejor. Cuando hayas encontrado la solución perfecta, reprodúcela a lápiz en el soporte final (aunque tan solo se trate de los trazos principales). Una vez hecho esto, puedes acabar tu obra de forma definitiva.

En las siguientes páginas encontrarás algunos ejemplos para familiarizarte con las composiciones y practicarlas. El paso siguiente será desplegar las alas y echar a volar para descubrir tu proprio estilo.

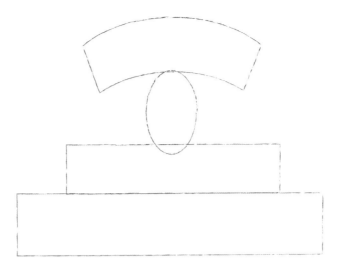

Subdivide la frase en bloques de palabras y dibuja a lápiz las formas en las que irán las palabras.

Después de haber decidido el tipo de caracteres que quieres combinar, traza las palabras dentro de las formas.

Borra las formas y añade decoraciones si quieres.

ERES UNA PERSONA especial

Reproduce el ejemplo.

# Hecho a mano

## con amor

Reproduce el ejemplo.

Reproduce el ejemplo.

Reproduce el ejemplo.

Reproduce el ejemplo.

🖋 Reproduce el ejemplo.

# Ejemplo 7

Eres mi persona favorita

⌇ Reproduce el ejemplo.